L'auteur
Dominique de Saint Mars

Après des études de sociologie,
elle a été journaliste à *Astrapi*.
Elle écrit des histoires
qui donnent la parole aux enfants
et traduisent leurs émotions.
Elle dit en souriant qu'elle a interviewé
au moins 100 000 enfants...
Ses deux fils, Arthur et Henri,
ont été ses premiers inspirateurs !
Prix de la Fondation pour l'Enfance.
Auteur de *On va avoir un bébé*,
Je grandis, *Les Filles et les Garçons*,
Léon a deux maisons et
Alice et Paul, copains d'école.

L'illustrateur
Serge Bloch

Cet observateur plein d'humour
et de tendresse est aussi un maître
de la mise en scène.
Tout en distillant son humour généreux
à longueur de cases, il aime faire sentir
la profondeur des sentiments.

Lili veut protéger
la nature

Série dirigée par Dominique de Saint Mars

© Calligram 1995
Tous droits réservés pour tous pays
Imprimé en Italie
ISBN : 978-2-88445-249-6

Ainsi va la vie

Lili veut protéger la nature

Dominique de Saint Mars

Serge Bloch

10

11

Air pollué ! ... Les arbres produisent l'oxygène et on coupe des forêts dans le monde ! ... Trop d'engrais chimiques pour faire pousser les plantes ! ... Économisez : l'énergie est chère à fabriquer ! ... Animaux : toujours plus d'espèces menacées ! ... Trop de déchets : envahis par les poubelles ! ...

13

Mais on n'a peut-être pas besoin de tout ça ?

On consomme plus, mais on vit plus facilement, c'est le progrès !

Il y a des usines qui essaient de diminuer leur pollution... des villes où on récupère le papier, le verre, le métal pour les recycler. Il faudrait que tout le monde fasse quelque chose. Nous, tout seuls...

15

17

21

Bonjour, papa ! Tu pourrais me rapporter des vieilles photocopies de ton bureau ? J'utiliserai le dos. C'est trop, ce gâchis de papier et de bois. N'achetons plus de journeaux ! La télé, ça suffit !

23

24

25

26

27

28

Ça, c'est gentil de me descendre mes bouteilles ! J'ai mal au dos... et puis je n'ai pas beaucoup de visites...

Monsieur Cluet, je ne savais pas que vous vous intéressiez à la nature. Tenez, un badge de notre club...

Oh si, je suis un vieux naturaliste et je pourrai vous aider...

32

34

35

ET LE LENDEMAIN...

MAIRIE

Monsieur le maire, c'est moi qui ai eu toutes ces idées... c'est pas eux !

Eh oui, des gens se sont plaints... Ce n'est pas une solution de les agresser, après, ils ne veulent plus rien entendre ! Et vous savez, ce n'est pas si simple... de continuer le progrès sans abîmer la nature...

Rien n'est simple, Max !
Et là, il s'agit de faire passer
nos idées !

Oui, oui,
j'ai compris, Lili !
D'ailleurs, je crois
que je ferais un bon
« Vert de Terre » !

Et toi...

Est-ce qu'il t'est arrivé la même histoire qu'à Lili ?

Connais-tu bien la nature, les plantes et les animaux ?
Aimes-tu les livres ou les films de nature ?

Sais-tu d'où vient l'eau ? le papier ?
Essaies-tu de ne pas les gaspiller ?

Laisses-tu propre l'endroit où tu es passé ?
Evites-tu de déranger les animaux dans leur milieu ?

As-tu chez toi des poubelles spéciales de récupération ?
Es-tu déjà allé dans une déchetterie ?

Récupères-tu boîtes d'œufs, emballages, cageots...
pour faire des jeux ou des bricolages ?

Trouves-tu que c'est important de protéger la nature
même si on ne peut faire que des « petites choses » ?

Y a-t-il beaucoup d'autres choses
que tu préfères ?

Jettes-tu n'importe où tes papiers, plastiques, etc...?
Est-ce parce que tu as vu des adultes le faire ?

As-tu l'impression que tu es trop jeune pour protéger
la nature et que c'est aux adultes de s'en occuper ?

N'as-tu pas d'idées ?
Est-ce que personne ne t'en a parlé ?

Protègeras-tu la nature
quand tu seras plus grand ?

As-tu déjà créé un club avec d'autres enfants ?
Qu'as-tu fait ? Etait-ce amusant ?

**Après avoir réfléchi
à ces questions
sur la protection de la nature,
tu peux en parler
avec tes parents ou tes amis.**